WÖRTER BUCH *für* KLUGE FRAUEN

von A wie Anfang bis Z wie Zukunft

arsEdition

LASSEN WIR JETZT DEN ANFANG VON ETWAS NEUEM SEIN.

E wie Empowerment

Ein schlagkräftiges und zugleich
unterhaltsames Wörterbuch für Frauen
mit ausgewählten Begriffen rund um
Female Empowerment.

Die scharfsinnigen und humorvollen Zitate
großer Ikonen, mutiger Vorreiterinnen
und starker Persönlichkeiten sind von
Frauen für Frauen gemacht.

Aufschlagen, nachschlagen,
sich inspirieren und bestärken lassen.

Ein herrlicher Lese-Spaß
mit komprimierter Frauen-Power.

A

abenteuerlustig

Adjektiv

„Ich fühle mich sehr abenteuerlustig. Es gibt noch so viele Türen, die zu öffnen sind, und ich habe keine Angst, dahinterzuschauen.“

Elizabeth Taylor

US-amerikanisch-britische Schauspielerin
(1932–2011)

Aber, das

Substantiv *n*

Sämtliche Bedenken aufgrund derer wir zögern oder uns davon abschrecken lassen, etwas zu tun, das wir eigentlich tun wollten, weil das Kopfkino Horrorszenarien darüber zeigt, was möglicherweise unter den unwahrscheinlichsten Umständen passieren könnte, wenn wir es doch versuchen sollten.

akzeptieren

schwaches Verb

„Wer mit sich selbst in **Frieden** *leben will, muss sich so akzeptieren, wie er ist."*

Selma Lagerlöf

schwedische Schriftstellerin (1858–1940); 1909 erhielt sie als erste Frau den Nobelpreis für Literatur und wurde 1914 in die Schwedische Akademie aufgenommen, in der bis dahin nur Männer vertreten waren

allein

Adjektiv

umgangssprachlich: alleine

„Wenn uns der **Mut** *verlässt, dann gehen wir halt alleine weiter."*

alt

Adjektiv

*„Was heißt schon für uns Frauen,
mit Anstand alt zu werden?
Lieber unanständig jung bleiben."*

Olga Tschechowa

deutsche Schauspielerin
russisch-deutscher Herkunft
(1897–1980)

*„Alt werden ist wie Bergsteigen:
Sie kommen ein wenig außer Atem,
aber die Aussicht ist viel besser!"*

Ingrid Bergman

schwedische Schauspielerin und
dreifache Oscar-Preisträgerin
(1915–1982)

*„Ab 50 ist es unsere Pflicht,
all den Blödsinn zu machen, für den
wir mit 20 kein Geld hatten."*

Altern, das

Substantiv *n*

*„Alter schützt vor Liebe nicht,
aber Liebe vor dem Altern."*

Coco Chanel

französische Modedesignerin und
Unternehmerin (1883–1971)

anders

Adverb

*„Ich denke nicht daran, mich selbst
einzuschränken, nur weil
die Leute nicht akzeptieren, dass
ich etwas anders mache."*

Dolly Parton

US-amerikanische Sängerin, Songwriterin,
Schauspielerin und Unternehmerin
(*1946)

Anfang, der

Substantiv *m*

„Das Wichtigste ist, dass wir niemals aufhören, daran zu glauben, dass ein neuer Anfang möglich ist.“

anfangen

starkes Verb

„Es ist gut zu wissen, dass man alles machen kann. Man muss nur damit anfangen.“

Julie Deane

britische Geschäftsfrau und Start-up-Gründerin von The Cambridge Satchel Company (*1966)

Anlauf, der

Substantiv *m*

„WENN EIN MANN ZURÜCKWEICHT, WEICHT ER ZURÜCK. EINE FRAU WEICHT NUR ZURÜCK, UM BESSER ANLAUF NEHMEN ZU KÖNNEN."

Hildegard Knef

deutsche Schauspielerin, Synchronsprecherin, Chansonsängerin und Autorin (1925–2002)

ERST WENN WIR NICHT MEHR ÄNGSTLICH SIND, BEGINNEN WIR ZU LEBEN.

Dorothy Thompson

US-amerikanische Schriftstellerin, Journalistin und Gründerin der Weltorganisation der Mütter aller Nationen (1893–1961)

Angst, die

Substantiv *f*

Angst ist dieses grässlich unbequeme Ding, das uns so lange umklammert hält, bis wir es abschütteln können. Jede auf ihre Weise.

„Ich denke, furchtlos zu sein, bedeutet, Angst zu haben und trotzdem zu springen.“

Taylor Swift

US-amerikanische Pop- und Country-Sängerin, Gitarristin, Songwriterin, Musikproduzentin und Schauspielerin
(*1989)

„Letztendlich wissen wir tief im Inneren, dass die andere Seite der Angst **Freiheit** *ist.“*

Marilyn Ferguson

US-amerikanische Schriftstellerin
(1938–2008)

anpassen

schwaches Verb

sich auf jemanden oder etwas einstellen,
sich einfügen

„Es ist gefährlich, anderen etwas vorzumachen, denn es endet damit, dass man sich selbst etwas vormacht.“

Eleonora Duse

italienische Schauspielerin
(1858–1924)

„Sei eine erstklassige Ausgabe von dir selbst, keine zweitklassige von jemand anderem.“

Judy Garland

US-amerikanische Filmschauspielerin und Sängerin
(1922–1969)

Anpassung, die

Substantiv *f*

„Ich fürchte, Anpassung ist nicht meine Stärke.“

Diane Keaton

US-amerikanische Schauspielerin, Filmproduzentin und Filmregisseurin (*1946)

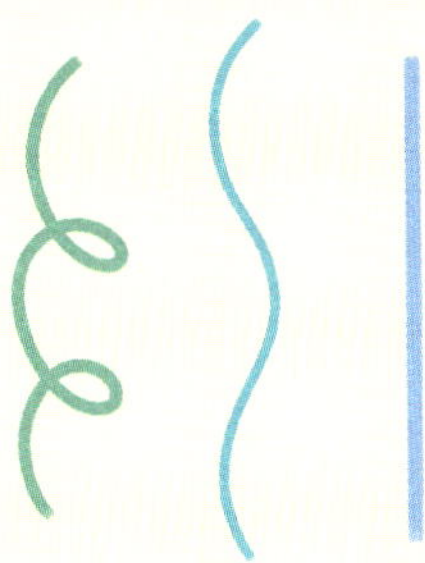

„Die Belohnung für Anpassung ist, dass jeder dich mag, außer du dich selbst.“

Rita Mae Brown

US-amerikanische Schriftstellerin und frühere Aktivistin in der lesbischen Frauenbewegung (*1944)

ausprobieren

schwaches Verb

*„Ich traue mich,
alles auszuprobieren."*

Joanne K. Rowling

britische Schriftstellerin, Drehbuchautorin
und Filmproduzentin
(*1965)

ausschöpfen

schwaches Verb

*„Nur weil wir einer Gruppe
angehören, die historisch gesehen
immer diskriminiert wurde, soll es uns
nicht davon abhalten, unser Talent
voll auszuschöpfen, das tun, was wir
wirklich wollen."*

Ruth Bader Ginsburg

US-amerikanische Juristin, Feministin
und beisitzende Richterin am Supreme Court
(1933–2020)

B

beharren

schwaches Verb

*„Beharren Sie – geben Sie niemals auf!
Die heutige Welt genießt Elektrizität
wegen derer, die nicht aufgegeben haben!“*

Folorunsho Alakija

nigerianische Milliardärin, Geschäftsfrau
und Philanthropin
(*1951)

besser

Adjektiv

*„Wer aufhört, besser werden
zu wollen, hört auf, gut zu sein.“*

Marie von Ebner-Eschenbach

mährisch-österreichische Schriftstellerin
(1830–1916)

Body Positivity

aus dem Englischen

Schlagwort einer Bewegung, die sich dafür einsetzt, dass wir alle zu unserem Körper stehen. Nieder mit der Schwerkraft, weg mit unrealistischen und diskriminierenden Schönheitsidealen! Es lebe die neue Leichtigkeit!

„Wir sollten weniger Wert auf unser Gewicht und viel mehr Gewicht auf unseren Wert legen.“

Brust, die

Substantiv *f*

Plural: die Brüste

lateinisch: Mamma feminina

„Die Männer beteuern immer, sie lieben die innere Schönheit einer Frau – komischerweise gucken sie aber ganz woanders hin."

Marlene Dietrich

deutsch-amerikanische Schauspielerin und Sängerin (1901–1992)

„Mein Busen hatte eine fabelhafte Karriere – ich bin einfach immer nur mitgetrottet."

Pamela Anderson

kanadisch-US-amerikanische Schauspielerin (*1967)

„Wenn Männer mein Dekolleté loben, freue ich mich. Denn sonst werde ich zu sehr auf meine inneren Werte reduziert."

Barbara Schöneberger

deutsche Entertainerin, Moderatorin, Schauspielerin und Sängerin (*1974)

Buh, das

Substantiv *n*

Ausdruck der Ablehnung oder Unzufriedenheit über etwas

„Ich kann Frauen nur raten, nicht beim ersten Buh den Kopf einzuziehen. **Brust** *raus, weiter machen!“*

Stella McCartney

britische Modedesignerin (*1971)

Champion

Substantiv *m*

Plural: die Champions

„Champions spielen so lange, bis sie gewinnen.“

Billie Jean King

ehemalige US-amerikanische Tennisspielerin (*1943); als allererste Frau in der Geschichte des Profisports outete sie sich als homosexuell

Chance, die

Substantiv *f*

„Akzeptiere ich, dass jede Krise eine Chance ist, dann nehme ich ihr ein großes Stück Macht *über mich."*

Nina Ruge

deutsche Fernsehmoderatorin, Buchautorin und Journalistin (*1956)

Chancengleichheit, die

Substantiv *f*

„Wir müssen gleiches Gehalt und gleiche Chancen für Frauen und Mädchen zur Realität machen, sodass Frauenrechte ein für alle Mal Menschenrechte sind."

Hillary Clinton

US-amerikanische Politikerin und ehemalige First Lady (*1947)

D

denken

unregelmäßiges Verb

„Die allermutigste Handlung ist immer noch, selbst zu denken. Laut!“

Coco Chanel

französische Modedesignerin und Unternehmerin
(1883–1971)

Durchhaltevermögen, das

Substantiv *n*

„Nicht der Beginn wird belohnt, sondern einzig und allein das Durchhalten.“

Katharina von Siena

italienische Mystikerin und Kirchenlehrerin
(1347–1380)

einfühlsam

Adjektiv

die Fähigkeit innehabend, sich in jemanden oder etwas hineinzuversetzen und mitzufühlen

„Einer der Kritikpunkte, mit denen ich im Laufe der Jahre konfrontiert wurde, ist, dass ich nicht aggressiv genug oder durchsetzungsfähig genug bin, oder vielleicht bedeutet das irgendwie, dass ich schwach bin, weil ich einfühlsam bin. Dagegen rebelliere ich total. Ich weigere mich zu glauben, dass man nicht gleichzeitig mitfühlend und stark sein kann.“

Jacinda Ardern

neuseeländische Politikerin (*1980);
von 2017 bis 2023 Premierministerin von Neuseeland

einsehen

starkes Verb

*„Ohne Frauen geht es nicht.
Das hat sogar Gott einsehen müssen.“*

Eleonora Duse
italienische Schauspielerin
(1858–1924)

Empowerment

aus dem Englischen
Empowerment umfasst sämtliche Strategien und Maßnahmen, die Menschen und Gemeinschaften dabei unterstützen, ein autonomes, selbstbestimmtes und selbstverantwortliches Leben zu führen.

Entscheidung, die

Substantiv *f*

*„Ein Wunsch ändert nichts.
Eine Entscheidung ändert alles.“*

Erfolg, der

Substantiv *m*

„UM VERANTWORTUNG ZU ÜBERNEHMEN, HALTE DEINE VERSPRECHEN GEGENÜBER ANDEREN. UM ERFOLGREICH ZU SEIN, HALTE DEINE VERSPRECHEN AN DICH SELBST."

Marie Forleo

US-amerikanische Unternehmerin und Gründerin
(*1975)

Euphorie, die

Substantiv *f*

zeitweiliger Zustand optimistischer Begeisterung und Zuversicht

„Das Geheimnis der Unternehmensführung heißt weder Wissen noch Geld. Was man wirklich braucht, ist Optimismus, ist Zuneigung, Enthusiasmus, Intuition, Neugier, Liebe, Sinn für Humor und Freude, Magie und Spaß – kurz: ein Schlückchen vom Zaubertrank Euphorie. Nichts davon findet man im Lehrplan einer Business School."

Anita Roddick

Lehrerin und Gründerin der Kosmetikkette The Body Shop (1942–2007)

Ex, die

Substantiv *f*

Ex, der

Substantiv *m*

„Eine Frau braucht niemanden, der sie nicht braucht."

Marilyn Monroe

US-amerikanische Filmschauspielerin, Filmproduzentin und Fotomodel (1926–1962)

F

Falte, die

Substantiv *f*

Plural: die Falten

„Meine Falten wegzubügeln, wäre für mich gleichbedeutend damit, meine Vergangenheit auszulöschen.“

Diane von Fürstenberg

belgische Modedesignerin
(*1946)

„Ich bin **stolz** *auf die Falten. Sie sind das Leben in meinem Gesicht.“*

Brigitte Bardot

französische Tierschützerin und ehemalige Schauspielerin, Sängerin und Model
(*1934)

Fehler, der

Substantiv *m*

„In einer Welt, in der alle perfekt sein wollen, beeindruckt nichts mehr als ein Mensch, der aufsteht und sagt: ‚Tut mir leid, mein Fehler!'"

Female Empowerment

aus dem Englischen

Der Begriff bedeutet übersetzt „Ermächtigung der Frau" und steht für den politischen, gesellschaftlichen und persönlichen Einsatz für die Freiheit, Chancengleichheit und Gleichberechtigung von Frauen.

„Ein Wort nach dem anderen ist **Macht**.*"*

Margaret Atwood

kanadische Schriftstellerin und Dichterin
(*1939)

fliegen

starkes Verb

*„Wenn du fliegen willst,
musst du die Sachen loslassen,
die dich runterziehen.“*

Toni Morrison

US-amerikanische Schriftstellerin und erste afroamerikanische Literaturnobelpreisträgerin (1931–2019)

flirten

schwaches Verb

*„Beim Flirten kommt es darauf an,
eher die Notbremse zu ziehen als
die Konsequenzen.“*

Demi Moore

US-amerikanische Schauspielerin (*1962)

fordern

schwaches Verb

„Viele Leute haben Angst davor zu sagen, was sie wollen. Das ist der Grund, warum sie nicht bekommen, was sie wollen.“

Madonna

US-amerikanische Sängerin, Songwriterin, Schauspielerin, Autorin, Regisseurin, Produzentin und Designerin (*1958)

„Frauen, die nichts fordern, werden beim Wort genommen – sie bekommen nichts.“

Simone de Beauvoir

französische Schriftstellerin, Philosophin und Feministin (1908–1986)

„Du bekommst im Leben, wozu du den Mut hast zu fragen.“

Oprah Winfrey

US-amerikanische Talkshow-Moderatorin, Schauspielerin und Unternehmerin (*1954)

Fortschritt, der

Substantiv *m*

Fortschritt bedeutet, dass wir immer mehr wissen und dieses Wissen so einsetzen sollten, dass alle davon profitieren.

„Ich habe gelernt, dass der Weg des Fortschritts weder kurz noch unbeschwerlich ist.“

Marie Curie

Physikerin und Chemikerin polnischer Herkunft (1867–1934); sie gewann als erste Frau den Nobelpreis in Physik und Chemie

Frauenquote, die

Substantiv *f*

Die Frauenquote stellt sicher, dass Frauen zu einem bestimmten Mindestanteil in Gremien vertreten sind. Sie soll die Gleichstellung von Frauen und Männern in verschiedenen gesellschaftlichen Bereichen fördern.

„Wer keine Frauenquote will, muss die Frauen wollen.“

Rita Süssmuth

deutsche Politikerin (*1937); von 1988 bis 1998 Präsidentin des Deutschen Bundestages

Freiheit, die

Substantiv *f*

„FREIHEIT IST IMMER DIE FREIHEIT DER ANDERS-DENKENDEN."

Rosa Luxemburg

Politikerin, Nationalökonomin und Publizistin (1871–1919); Vertreterin der europäischen Arbeiterbewegung, des Marxismus, Antimilitarismus und proletarischen Internationalismus

Freundschaft, die

Substantiv *f*

„Die wahre Freundschaft erkennt man daran, wie wenig sie verlangt und wie viel sie gibt.“

Marie von Ebner-Eschenbach

mährisch-österreichische Schriftstellerin (1830–1916)

Friede, Frieden, der

Substantiv *m*

„Wenn es uns den inneren Frieden kostet, dann ist es zu teuer.“

Führung, die

Substantiv *f*

„Wir müssen unser Bild von uns selbst überdenken. Wir müssen als Frauen aufstehen und die Führung übernehmen."

Beyoncé

US-amerikanische Sängerin und Schauspielerin (*1981)

fürchten

schwaches Verb

„Man braucht nichts im Leben zu fürchten, man muss nur alles verstehen."

Marie Curie

Physikerin und Chemikerin polnischer Herkunft (1867–1934); sie gewann als erste Frau den Nobelpreis in Physik und Chemie

G

gehen

unregelmäßiges Verb

Wendung: seinen eigenen Weg gehen

„Ich bin nicht bis hierhergekommen, weil ich davon träumte oder darüber nachdachte, sondern weil ich meinen Weg gegangen bin.“

Estée Lauder

US-amerikanische Kosmetik-Unternehmerin (1908–2004), die aus einfachen Verhältnissen stammte, sich hocharbeitete und schließlich ein Milliarden Dollar schweres Unternehmen hinterließ, das noch heute ihren Namen trägt

„Vertraue auf das, was du liebst. Hör nicht auf damit. Und es wird dir zeigen, wohin du gehen musst.“

Natalie Goldberg

US-amerikanische Schriftstellerin und Schreiblehrerin (*1948)

Gender Care Gap

aus dem Englischen

Die Lücke im Zeitaufwand von Männern und Frauen für unbezahlte Arbeit, z. B. in Haushalt und Kinderbetreuung. Am 9. Juni 2021 wurde der Dritte Gleichstellungsbericht der Bundesregierung zum Stand der Gleichstellung von Frauen und Männern in Deutschland vom Kabinett beschlossen. Dieser zeigt: 2022 lag der Gender-Care-Gap bei 44,3 Prozent. Das heißt: Frauen wenden pro Tag im Durchschnitt 44,3 Prozent mehr Zeit für unbezahlte Arbeit auf als Männer.

„‚Suche Putzhilfe. Zwei Euro Stundenlohn', steht an der Tür meines Sohnes. Das sind zwei Euro mehr als sonst. Ich habe den Job."

Gender Pay Gap

aus dem Englischen

Lohnlücke zwischen dem durchschnittlichen Brutto-Stundenlohn von Männern und Frauen. Frauen werden häufig für die gleiche Arbeit schlechter bezahlt.

„In unserer Firma sind alle Mitarbeiter gleich, nur die Gehälter sind verschieden."

Gender Pension Gap

aus dem Englischen

Bezeichnung für „geschlechtsspezifische Altersvorsorgelücke" oder „Rentenlücke"; die Alterseinkünfte von Frauen waren 2021 fast ein Drittel niedriger als die von Männern.

ganz

Adjektiv

„Ganz und gar man selbst zu sein, kann schon einigen **Mut** *erfordern."*

Marilyn Monroe

US-amerikanische Filmschauspielerin, Filmproduzentin und Fotomodel (1926–1962)

geschäftstüchtig

Adjektiv

„Ich verstehe nicht, warum man über geschäftstüchtige Frauen die Nase rümpft. Soweit ich weiß, ist Geschäftstüchtigkeit kein sekundäres männliches Geschlechtsmerkmal."

Jane Fonda

US-amerikanische Schauspielerin, Bürgerrechtlerin, Klimaschutzaktivistin und zweifache Oscar-Preisträgerin (*1937)

Glaube, der

Substantiv *m*

„Wenn es einen Glauben gibt, der Berge versetzen kann, so ist es der Glaube an die eigene Kraft.“

Marie von Ebner-Eschenbach

mährisch-österreichische Schriftstellerin (1830–1916)

glauben

schwaches Verb

„Wir Frauen müssen an uns selbst glauben, sonst wird es keiner tun.“

Rosalyn Yalow

US-amerikanische Physikerin und Nuklearmedizinerin (1921–2011); 1977 erhielt sie den Medizin-Nobelpreis

Gleichberechtigung, die

Substantiv *f*

„Wir sind im Augenblick, was Frauen in den Führungspositionen angeht, auf Höhe mit Indien, hinter Russland, hinter Brasilien, hinter China."

Ursula von der Leyen

deutsche Politikerin (*1958); seit 2019 Präsidentin der Europäischen Kommission

„Obwohl Frauen die Mehrheit der Bevölkerung bilden, verharren sie in einem Minderheitenstatus."

Rita Süssmuth

deutsche Politikerin (*1937); von 1988 bis 1998 Präsidentin des Deutschen Bundestages

„Die Gleichberechtigung in Italien ist erst dann erreicht, wenn auch einmal eine total unfähige Frau in eine verantwortliche Position aufgerückt ist."

Agata Alma Capiello

italienische Politikerin und Frauenrechtlerin (1948–2006)

Glück, das

Substantiv *n*

*„Es ist nicht leicht, das Glück
in sich selbst zu finden,
doch es ist unmöglich, es anderswo
zu finden.“*

Agnes Repplier

US-amerikanische Schriftstellerin
und Essayistin (1855–1950)

*„Glück lässt sich
nicht erzwingen. Aber es mag
hartnäckige Menschen.“*

glücklich

Adjektiv

„UM GLÜCKLICH ZU SEIN, MUSS MAN SEINE VORURTEILE ABGELEGT UND SEINE ILLUSIONEN BEHALTEN HABEN."

Émilie du Châtelet

französische Mathematikerin, Physikerin, Philosophin und Übersetzerin der Newtonschen „Principia" ins Französische (1706–1749); als ihr der Zugang zum Café Gradot, einem Treffpunkt renommierter Wissenschaftler, zu dem nur Männer Zutritt hatten, verwehrt wird, lässt sie sich kurzerhand Männerkleidung anfertigen.

Größe, die

Substantiv *f*

*„Wir wissen nicht, wie groß wir sind,
bis sie uns zum Aufstehen zwingen.
Und wenn wir es dann wirklich tun, wird
unser Kopf durch die Wolken dringen."*

Emily Dickinson

US-amerikanische Dichterin (1830–1886)

gut

Adjektiv

*„Alles ist gut. Meistens. Manches
wird erst gut, wenn wir es gut sein lassen.
Oder dafür kämpfen."*

„Wenn alles **perfekt** *wäre, würdest
du niemals lernen und niemals wachsen."*

Beyoncé

US-amerikanische Sängerin und Schauspielerin (*1981)

H

Haushalt, der

Substantiv *m*

Gemeinschaftlicher Wohn- und Lebensbereich, innerhalb dessen tägliche Aufgaben anfallen wie Kochen, Putzen und Aufräumen, die sich a) leider nicht von selbst erledigen, b) i. d. R. nicht bezahlt und c) häufig nicht gerecht verteilt werden. Frauen übernehmen immer noch den Großteil daran. Laut einer Studie sind das 27,4 Stunden pro Woche unbezahlte Arbeit bei Frauen. Bei Männern lediglich 14,8 Stunden.

„Die Frau ist dazu geboren,
den Haushalt zu schmeißen.
Die Frage ist nur: wohin,
wie weit und wem an den Kopf?“

Haushälterin, die

Substantiv *f*

*„Ich bin eine wunderbare
Haushälterin: Immer,
wenn ich einen Mann verlasse,
behalte ich sein Haus.“*

Zsa Zsa Gabor

US-amerikanisch-ungarische Schauspielerin
(1917–2016)

*„Das bisschen Haushalt
macht sich von allein,
sagt mein Mann.
Das bisschen Haushalt
kann so schlimm nicht sein,
sagt mein Mann.
Wie eine Frau sich
überhaupt beklagen kann,
ist unbegreiflich,
sagt mein Mann.“*

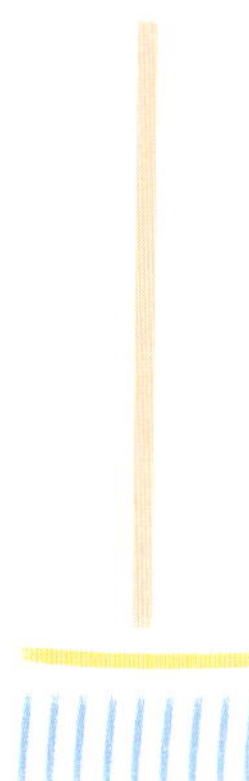

Johanna von Koczian

österreichisch-deutsche Schauspielerin, Sängerin,
Schriftstellerin und Synchronsprecherin (1933–2024)

Heldin, die

Substantiv *f*

„Sei mutig dabei. Sei stur dabei. Sei die Heldin deiner eigenen Geschichte. Aber am allerwichtigsten: Fang an!“

Elizabeth Gilbert

US-amerikanische Schriftstellerin (*1969)

Hingabe, die

Substantiv *f*

„Du wirst immer wieder etwas Törichtes tun, doch tu es mit Hingabe!“

Sidonie-Gabrielle Colette

französische Schriftstellerin, Varietékünstlerin und Journalistin (1873–1954); sie wurde als erste Frau in Frankreich mit einem Staatsbegräbnis geehrt

Hoffnung, die

Substantiv *f*

*„Hoffnung ist dieses gefiederte Ding,
das sich in meiner Seele niederlässt
und die Melodie ohne Worte singt
und niemals aufhört.“*

Emily Dickinson

US-amerikanische Dichterin
(1830–1886)

Humor, der

Substantiv *m*

*„Sehen Sie sich um. Die meisten
Ehemänner sind der beste
Beweis dafür, dass Frauen
Humor haben.“*

Donna Leon

US-amerikanisch-schweizerische Schriftstellerin
(*1942)

immer

Adverb

„Die besten Dinge passieren doch immer, wenn man sie nicht erwartet. Wir wären dann jetzt so weit."

jammern

schwaches Verb

„Es hat keinen Sinn, über die Männer *zu jammern. Wir müssen lernen, mit dem vorhandenen Material zu arbeiten."*

K

Kämpferin, die

Substantiv *f*

„Gib niemals auf, für das zu kämpfen, was du tun willst. Mit etwas, wo Leidenschaft und Inspiration ist, kann man nicht falschliegen."

Ella Fitzgerald

US-amerikanische Jazz-Sängerin
(1917–1996)

Karriere, die

Substantiv *f*

„Karriere ist etwas Herrliches, aber man kann sich nicht in einer kalten Nacht an ihr wärmen."

Marilyn Monroe

US-amerikanische Filmschauspielerin, Filmproduzentin und Fotomodel (1926–1962)

klein

Adjektiv

„Ich habe gelernt, dass man nie zu klein dafür ist, einen Unterschied zu machen."

Greta Thunberg

schwedische Klimaschutzaktivistin (*2003)

Klugheit, die

Substantiv *f*

„DIE GRÖSSTE KLUGHEIT EINER KLUGEN FRAU BESTEHT DARIN, IHRE KLUGHEIT NICHT ZU ZEIGEN.“

Virginia Woolf

britische Schriftstellerin und Verlegerin
(1882–1941)

Kompromiss, der

Substantiv *m*

„Gehe mit dir selbst keine Kompromisse ein. Du bist alles, was du hast."

Janis Joplin

US-amerikanische Rock- und Bluessängerin (1943–1970); sie gilt als erster weiblicher Rockstar und als Vorreiterin für Frauen in der Musikbranche

Kritik, die

Substantiv *f*

„Tu das, was du für richtig hältst, es wird immer jemanden geben, der anders denkt."

Michelle Obama

US-amerikanische Autorin, Rechtsanwältin und ehemalige First Lady der Vereinigten Staaten von Amerika (*1964)

L

Leben, das

Substantiv *n*

„Die einzige Möglichkeit, etwas vom Leben zu haben, ist, sich mit aller Macht hineinzustürzen."

Angelina Jolie

US-amerikanische Schauspielerin, Filmregisseurin, Filmproduzentin und Drehbuchautorin (*1975)

leben

schwaches Verb

„Du lebst nur ein Mal. Aber wenn du es richtig machst, wird ein Mal auch genug sein."

Mae West

US-amerikanische Filmschauspielerin, Sängerin und Autorin (1893–1980)

Leuchten, das

Substantiv *n*

»

LASSEN WIR UNS UNSER LEUCHTEN NICHT NEHMEN, NUR WEIL ES ANDERE BLENDET.

«

Liebe, die

Substantiv *f*

„Die Liebe überwindet den Tod, aber es kommt vor, dass eine kleine üble Gewohnheit die Liebe überwindet."

Marie von Ebner-Eschenbach

mährisch-österreichische Schriftstellerin (1830–1916)

liebenswert

Adjektiv

„Überlass die Entscheidung, ob du liebenswert bist, nur einem Menschen: DIR."

loslegen

schwaches Verb

„Setzen Sie sich nicht und warten Sie auf Gelegenheiten. Stehen Sie auf und legen Sie los."

Madam C. J. Walker

Unternehmerin, Philanthropin, politische und soziale Aktivistin (1867–1919); sie war eine der ersten weiblichen Self-made-Millionäre in den USA

Lupe, die

Substantiv *f*

„Die Frau hat jahrhundertelang
als Lupe gedient, welche die magische
und köstliche Fähigkeit besaß,
den Mann doppelt so groß zu zeigen,
wie er von Natur aus ist."

Virginia Woolf

britische Schriftstellerin und Verlegerin
(1882–1941)

Macht, die

Substantiv *f*

„Am häufigsten geben Menschen ihre Macht auf, indem sie denken, sie hätten keine.“

Alice Walker

US-amerikanische Schriftstellerin und politische Aktivistin (*1944)

„Ich möchte Macht, damit ich etwas verändern kann.“

Andrea Nahles

ehemalige deutsche Politikerin (*1970)

„ICH WÜNSCHE MIR NICHT, DASS FRAUEN MACHT ÜBER MÄNNER HABEN; SONDERN ÜBER SICH SELBST."

Mary Wollstonecraft

englische Schriftstellerin, Übersetzerin, Philosophin und Frauenrechtlerin irischer Abstammung

(1759 –1797)

Make-up, das

Substantiv *n*

„Ein Lächeln ist das beste Make-up, das du tragen kannst!"

Marilyn Monroe

US-amerikanische Filmschauspielerin, Filmproduzentin und Fotomodel (1926–1962)

Manieren, die

Substantiv *f*

„Frauen mit guten Manieren schreiben selten Geschichte."

Eleanor Roosevelt

US-amerikanische Menschenrechtsaktivistin, Diplomatin und ehemalige First Lady (1884–1962)

Mann, der

Substantiv *m*

Plural: Männer

„Natürlich muss man die Männer nehmen, wie sie sind. Aber man darf sie nicht so lassen."

Zsa Zsa Gabor

US-amerikanisch-ungarische Schauspielerin (1917–2016)

Möglichkeit, die

Substantiv *f*

Plural: Möglichkeiten

„Glaube nicht, es muss so sein, weil es so ist und immer so war. Unmöglichkeiten sind Ausflüchte steriler Gehirne. Schaffe Möglichkeiten."

Hedwig Dohm

deutsche Schriftstellerin und Frauenrechtlerin (1831–1919); eine der ersten feministischen Theoretikerinnen, die in geschlechtsspezifischen Verhaltensweisen keinen biologischen Ursprung sah, sondern diese auf kulturelle Prägung zurückführte

Mut, der

Substantiv *m*

Mut ist dieses leise Stimmchen innendrin, das uns trotz aller Widrigkeiten weitermachen lässt.

„Mut ist wie ein Habitus, eine Gewohnheit, eine Tugend: Du bekommst ihn durch mutige Taten. Es ist, als ob du schwimmen lernen würdest. Du lernst Mutigsein, indem du mutig bist."

Marie Maynard Daly

US-amerikanische Biochemikerin (1921–2003) und erste Afroamerikanerin, die 1947 ihren Doktor in Chemie an der Columbia University machte

mutig

Adjektiv

„Ich kenne keine Frau, die am Leben und nicht mutig ist."

Reese Witherspoon

US-amerikanische Schauspielerin, Filmproduzentin und Oscar-Preisträgerin (*1976)

„Aus Misserfolgen kann man lernen, denn darin liegt immer die Chance, besser zu werden. Angst ist kein guter Ratgeber, für innovative Lösungen braucht es **mutige** Entscheidungen.“

Renata Jungo Brüngger

Schweizer Juristin und zweites weibliches Vorstandsmitglied in der Geschichte der Mercedes-Benz Group AG (*1961)

N

nachdenken

unregelmäßiges Verb

„Zu langes Nachdenken über eine Sache macht sie oft unmöglich.“

Eva Young

Pharmazeut:in und Drag-Queen

nahe, nah

Adjektiv

„Entfernen wir uns niemals von uns selbst, um jemand anderem nahe zu sein.“

nein

Partikel

unglaublich praktisch und wirkungsvoll;
darf in keinem Wortschatz fehlen

Nein

Substantiv *n*

„Nein ist ein kompletter Satz. Er braucht weder Erklärung noch Rechtfertigung. Wir können freundlich sein, ein großes Herz haben und trotzdem Nein sagen.“

Niederlage, die

Substantiv *f*

Plural: Niederlagen

„Vielleicht erleben wir Niederlagen, aber wir geben uns nicht geschlagen."

Maya Angelou

US-amerikanische Schriftstellerin, Professorin und Bürgerrechtlerin (1928–2014)

Nummer, die

Substantiv *f*

Redewendung: auf Nummer sicher gehen

„Wenn du im Leben auf Nummer sicher gehen willst, hast du dich dafür entschieden, nicht mehr wachsen zu wollen."

Shirley Hufstedler

US-amerikanische Juristin und Politikerin (1925–2016); sie gehörte unter Präsident Jimmy Carter als Bildungsministerin dem Kabinett an.

oh

Interjektion

Ausruf der Überraschung, Verwunderung, Begeisterung o. Ä.

„Was wäre, wenn ich falle? Oh, mein Liebling, aber was wäre, wenn du **fliegst***?“*

Erin Hanson

in Oregon lebende Künstlerin (*1981)

Optimismus, der

Substantiv *m*

"OPTIMISMUS IST DIE FÄHIGKEIT, DEN BLAUEN HIMMEL HINTER DEN WOLKEN ZU AHNEN."

Madeleine Robinson

französische Schauspielerin
(1917–2004)

P

passen

schwaches Verb

„Wenn du nicht in die Menge passt, liegt das vielleicht daran, dass du dazu bestimmt bist, sie anzuführen.“

Marilyn Monroe

US-amerikanische Filmschauspielerin, Filmproduzentin und Fotomodel (1926–1962)

perfekt

Adjektiv

ohne Fehler und Makel, vollkommen (frei erfunden)

„Ein Mann erwartet von einer Frau, dass sie perfekt ist. Und dass sie es liebenswert findet, wenn er es nicht ist.“

Catherine Zeta-Jones

britische Schauspielerin und Oscar-Preisträgerin
(*1969)

„Nach all den Jahren, in denen ich als Frau hörte, ich sei nicht dünn genug, nicht schön genug, nicht klug genug, ich hätte von diesem und jenem nicht genug … wachte ich eines Morgens auf und dachte: Ich bin genug.“

Anna Quindlen

US-amerikanische Journalistin und Schriftstellerin
(*1953)

Persönlichkeit, die

Substantiv *f*

*„Persönlichkeit fängt da an,
wo Vergleiche aufhören."*

*„Ich bin die Einzige,
die definiert, wie ich bin."*

Katy Perry

US-amerikanische Sängerin und Songwriterin
(*1984)

Plan, der

Substantiv *m*

*„Du brauchst nicht immer einen Plan.
Manchmal musst du nur atmen,
vertrauen, loslassen und schauen,
was passiert."*

Mandy Hale

US-amerikanische Bloggerin und Autorin

Politik, die

Substantiv *f*

„Politik ist eine viel zu ernste Sache, als dass man sie allein den Männern überlassen könnte.“

Käte Strobel

deutsche Politikerin (1907–1996); ehem. Bundesministerin für Gesundheitswesen und anschließend für Jugend, Familie und Gesundheit

„Eine Frau in der Politik wird durch die Politik verändert. Mehr Frauen in der Politik verändern die Politik.“

Heidemarie Wieczorek-Zeul

deutsche Politikerin (*1942); Bundesministerin für wirtschaftliche Zusammenarbeit und Entwicklung von 1998 bis 2009

”

WENN SIE IN DER **POLITIK** ETWAS GESAGT HABEN WOLLEN, FRAGEN SIE EINEN MANN. WENN SIE ETWAS GETAN HABEN WOLLEN, FRAGEN SIE EINE FRAU.

“

Margaret Thatcher

britische Politikerin (1925–2013);
von 1979 bis 1990 erste Premierministerin
des Vereinigten Königreichs

Problem, das

Substantiv *n*

Plural: die Probleme

„Wenn jemand ein Problem mit uns hat, darf er es gerne behalten. Es ist ja schließlich seins."

„Ich möchte, dass jedes kleine Mädchen, dem gesagt wird, dass es herrisch ist, stattdessen gesagt bekommt, dass es Führungsqualitäten hat."

Sheryl Sandberg

US-amerikanische Geschäftsfrau (*1969)

queer

Adjektiv

Eigenbezeichnung für Personen, die nicht heterosexuell und/oder cisgeschlechtlich sind; häufig sind damit ähnliche Personengruppen gemeint wie mit den Abkürzungen LGBT, LSBT u. a.

„Wenn Sie das nächste Mal jemand fragt, warum es LGBT-Pride-Paraden gibt oder warum der Gay-Pride-Monat Juni ist, sagen Sie ihm: ‚Eine bisexuelle Frau namens Brenda Howard dachte, das sollte so sein.'"

Brenda Howard

amerikanische Aktivistin und Feministin (1946–2005); bekannt als „Mother of pride", eine der Organisatorinnen der allerersten Pride-Paraden

NORMAL IST NICHTS, WONACH MAN STREBEN SOLLTE, SONDERN ETWAS, WOVON MAN SICH FERNHALTEN SOLLTE.

Jodie Foster

US-amerikanische Schauspielerin
(*1962)

R

richtig

Adjektiv

„Ich bin eine richtige Frau: Meine Kleidergröße schwankt zwischen 38 und 40 je nach Tagesverfassung. Ich bin nicht perfekt.*“*

Diane von Fürstenberg

belgische Modedesignerin (*1946)

riskieren

schwaches Verb

„Wie kannst du nur zögern? Riskiere es! Riskiere alles! Kümmere dich nicht mehr um die Meinung der anderen, um diese Stimmen. Mache das Schwierigste auf Erden. Handle für dich selbst. Schau der Wahrheit ins Auge.“

Katherine Mansfield

neuseeländisch-britische Schriftstellerin (1888–1923)

schön

Adjektiv

Superlativ: am schönsten

*„Sich schön zu fühlen,
hat nichts damit zu tun,
wie man aussieht.“*

Emma Watson

britische Schauspielerin, die durch die Rolle der Hermine Granger in den „Harry Potter“-Verfilmungen bekannt wurde (*1990)

*„Am schönsten sind wir,
wenn wir niemandem
gefallen wollen.“*

Schönheit, die

Substantiv *f*

” SCHÖNHEIT BEGINNT IN DEM MOMENT, IN DEM DU ENTSCHEIDEST, DU SELBST ZU SEIN. “

Coco Chanel

französische Modedesignerin
und Unternehmerin
(1883–1971)

Schritt, der

Substantiv *m*

Plural: Schritte

„Die Entfernung ist unwichtig, nur der erste Schritt macht Schwierigkeiten."

Marie de Vichy Chamrond

französische Salonnière
(1696–1780)

„Der Schritt, vor dem wir jetzt **Angst** *haben, könnte der sein, der alles verändert."*

Schuh, der

Substantiv *m*

Plural: Schuhe

„Wir gehen leichter durchs Leben, wenn wir uns nicht jeden Schuh anziehen. (Nur die, die uns passen.)“

„Wenn ich meinen Kopf hängen lasse, dann nur, um meine Schuhe zu bewundern.“

schwer

Adjektiv

„Frau zu sein, ist schwer. Man soll denken wie ein Mann, sich benehmen wie eine Dame, aussehen wie ein Mädchen und schuften wie ein Pferd – lassen wir uns nicht unterkriegen, seien wir frech und wild und wunderbar!"

schwierig

Adjektiv

„Habe keine Angst vor schwierigen Momenten. Das Beste geht von ihnen aus."

Rita Levi-Montalcini

italienische Medizinerin und Neurobiologin
(1909–2012)

Selbstbestimmtheit, die

Substantiv *f*

„Männer sind nicht geboren, um zu kommandieren – Frauen nicht, um zu gehorchen.“

Lucretia Mott

US-amerikanische Abolitionistin und Frauenrechtlerin (1793–1880)

Selbstbewusstsein, das

Substantiv *n*

„Selbstbewusstsein kommt nicht daher, immer richtigzuliegen, sondern daher, keine Angst zu haben, auch mal danebenzuliegen.“

Selbstfindung, die

Substantiv *f*

„FINDE HERAUS,
WER DU BIST,
UND DANN SEI
DIESE PERSON.
DAS IST DER GRUND,
WARUM DEINE
SEELE AUF DER
WELT IST.“

Ellen DeGeneres

US-amerikanische Moderatorin, Komikerin,
Schauspielerin und Autorin (*1958)

Selbstliebe, die

Substantiv *f*

„Wenn jemand uns bitten würde, alles aufzuzählen, was wir lieben, wie lange würde es dauern, bis wir uns selbst nennen?“

„Je mehr ich mich mag, desto weniger täusche ich vor, jemand anderes zu sein.“

Jamie Lee Curtis

US-amerikanische Schauspielerin und Autorin von Kinderbüchern (*1958)

„Liebe zuerst dich, und alles andere passt zusammen. Du musst dich wirklich lieben, um etwas in dieser Welt zu schaffen.“

Lucille Ball

US-amerikanische Schauspielerin, Film- und Fernsehproduzentin (1911–1989)

Selbstverwirklichung, die

Substantiv *f*

„Du hast das Recht, genau die Person zu sein, die du wirklich sein willst.“

Michelle Obama

US-amerikanische Autorin, Rechtsanwältin und ehemalige First Lady der Vereinigten Staaten von Amerika (*1964)

Selbstwert, der

Substantiv *m*

„Unseren Selbstwert finden wir nicht in den Meinungen der Anderen.“

„Wir verlieren nicht an Wert, nur weil jemand nicht fähig ist, diesen zu erkennen.“

Selbstzweifel, der

Substantiv *m*

„Wenn gute Menschen anfangen, an sich zu zweifeln, haben schlechte Menschen gute Arbeit geleistet."

„Niemand kann dich dazu bringen, dich ohne deine Zustimmung minderwertig zu fühlen."

Eleanor Roosevelt

US-amerikanische Menschenrechtsaktivistin, Diplomatin und ehemalige First Lady (1884–1962)

Sex, der

Substantiv *m*

„Ich denke, Sex wird überbewertet.“

Audrey Hepburn

Schauspielerin britisch-niederländischer Herkunft
(1929–1993)

*„In den USA ist Sex eine Obsession,
im Rest der Welt ist es ein Faktum.“*

Marlene Dietrich

deutsch-amerikanische Schauspielerin und Sängerin
(1901–1992)

*„Sex ist ein Teil der Natur.
Ich schließe mich der Natur an.“*

Marilyn Monroe

US-amerikanische Filmschauspielerin,
Filmproduzentin und Fotomodel (1926–1962)

Sinn, der

Substantiv *m*

„ES MUSS NICHT IMMER ALLES SINN MACHEN. MANCHMAL REICHT ES SCHON, WENN ES SPASS MACHT.“

spät

Adjektiv

„Es ist nie zu spät, das zu werden, was man hätte sein können."

George Eliot

Pseudonym der englischen Schriftstellerin, Übersetzerin und Journalistin Mary Ann Evans (1819–1880)

Stärke, die

Substantiv *f*

Plural: die Stärken

„Das Leben testet uns nicht, um unsere Schwäche zu offenbaren, sondern um unsere Stärke aufzuwecken."

„Stärke bedeutet auch zu wissen, dass man nicht immer stark sein kann."

stark

Adjektiv

*„Eine Frau ist wie ein Teebeutel –
du kannst erst beurteilen, wie stark sie
ist, wenn du sie ins Wasser wirfst.“*

Eleanor Roosevelt

US-amerikanische Menschenrechtsaktivistin,
Diplomatin und ehemalige First Lady (1884–1962)

*„Starke Frauen sind leicht zu erkennen.
Sie bauen sich gegenseitig auf, anstatt
sich gegenseitig herunterzuziehen.“*

Stimme, die

Substantiv *f*

„Ich erhebe meine Stimme – nicht um zu schreien, sondern um für die zu sprechen, die keine Stimme haben.“

Malala Yousafzai

pakistanische Kinderrechtsaktivistin und Friedensnobelpreisträgerin (*1997)

stolz

Adjektiv

voller Zufriedenheit und Glück über eine Leistung, einen Erfolg oder ein besonderes Ereignis

„Lasst uns heute etwas tun, worauf wir morgen stolz sein können.“

Stress, der

Substantiv *m*

„Stress entsteht, wenn man anfängt, es anderen recht zu machen.“

Sturm, der

Substantiv *m*

„Ich habe keine Angst vor Stürmen. Ich lerne, wie ich mein Schiff steuern muss.“

Louisa May Alcott

US-amerikanische Schriftstellerin, Schöpferin der Jugendbuchreihe „Little Women“ (1832–1888)

Superkraft, die

Substantiv *f*

„Niemand ist wie du. Und das ist deine Superkraft.“

T

Talent, das

Substantiv *n*

Begabung, die außergewöhnliche Leistungen ermöglicht

„Frauen sind das größte unerschlossene Talentreservoir der Welt."

Hillary Clinton

US-amerikanische Politikerin und ehemalige First Lady (*1947)

„Wenn man mit Flügeln geboren wird, sollte man alles dazu tun, sie zum Fliegen zu benutzen."

Florence Nightingale

britische Krankenschwester, Begründerin der modernen Krankenpflege (1820–1910)

Tisch, der

Substantiv *m*

Plural: die Tische

„Frauen sollten sich nicht damit begnügen, die Stühle am Tisch zu füllen. Sie sollten ihre eigenen Tische bauen.“

Reshma Saujani

US-amerikanische Anwältin, Autorin, Politikerin und Gründerin der gemeinnützigen Organisation Girls Who Code (*1975)

Torte, die

Substantiv *f*

„Ein Mann ist nur die Kirsche auf der Torte, aber ich bin die Torte und auch ohne Kirsche großartig."

Halle Berry

US-amerikanische Schauspielerin und Regisseurin (*1966); 2002 erhielt sie als erste und bislang einzige afroamerikanische Schauspielerin den Oscar in der Kategorie „Beste Hauptdarstellerin"

trauen

schwaches Verb

Grammatik: sich trauen

„Wir trauen uns manchmal Dinge nicht zu tun, weil wir denken, dass wir sie bereuen, doch am Ende bereuen wir es meistens viel mehr, dass wir uns nicht getraut haben.“

„Kämpfe für die Dinge, die dir wichtig sind. Aber kämpfe so, dass sich dir andere anschließen wollen!“

Ruth Bader Ginsburg

US-amerikanische Juristin
und erste Frau im Supreme Court
(1933–2020)

Traum, der

Substantiv *m*

Plural: die Träume

*„Wenn du einen Traum hast,
dann greife danach und
höre niemals auf, daran
zu glauben.“*

Carol Burnett

US-amerikanische Schauspielerin,
Komikerin und Autorin
(*1933)

*„Unsere Träume können wir
erst dann verwirklichen,
wenn wir uns dazu entschließen,
einmal daraus zu erwachen.“*

Josephine Baker

Tänzerin, Sängerin und Schauspielerin
mit französischer Staatsbürgerschaft
(1906–1975)

tun

unregelmäßiges Verb

"

TUE, WAS SICH IN DEINEM HERZEN RICHTIG ANFÜHLT, KRITISIERT WIRST DU SO ODER SO.

"

Eleanor Roosevelt

US-amerikanische Menschenrechtsaktivistin, Diplomatin und ehemalige First Lady (1884–1962)

U

unglücklich

Adjektiv

„Sei die Frau, die mutig genug ist, alles loszulassen, was sie nicht glücklich macht.“

unmöglich

Adjektiv

„‚Unmöglich‘ ist nur eine Meinung.“

unperfekt

Adjektiv

„Wenn es uns nicht mehr kümmert, was andere denken, haben wir die höchste Stufe der Freiheit erreicht.“

V

verändern

schwaches Verb

„Wenn sich die Dinge in uns verändern, verändern sich die Dinge um uns herum.“

Veränderung, die

Substantiv *f*

„Nichts macht so viel Angst wie Veränderung. Und nichts bietet mehr Chancen."

versuchen

schwaches Verb

„Wir werden nie erfahren, was wäre, wenn wir es nicht versuchen."

Vorbild, das

Substantiv *n*

„Ich möchte wie Gandhi sein und wie Martin Luther King und John Lennon. Aber ich möchte am Leben bleiben."

Madonna

US-amerikanische Sängerin, Songwriterin, Schauspielerin, Autorin, Regisseurin, Produzentin und Designerin (*1958)

„Ich möchte Vorbild sein und zeigen: Du musst dich nicht zwischen Familie und Karriere entscheiden."

Melanie Leupolz

deutsche Fußballspielerin (*1994)

„Jungen Mädchen wird oft erzählt, dass sie eine zarte Prinzessin sein müssen. Hermine hat ihnen gezeigt, dass auch Mädchen eine Kämpferin sein können."

Emma Watson

britische Schauspielerin, die durch die Rolle der Hermine Granger in den „Harry Potter"-Verfilmungen bekannt wurde (*1990)

W

wachsen

starkes Verb

„Ich habe immer Dinge getan, für die ich noch nicht ganz bereit war. So wächst man.“

Marissa Mayer

Informatikerin, Managerin, Gründerin von Sunshine und ehemalige Yahoo-Chefin (*1975)

Weg, der

Substantiv *m*

„Wenn du keinen klaren Weg siehst, um zu bekommen, was du willst, dann musst du ihn erschaffen!“

Mindy Kaling

US-amerikanische Autorin, Komödiantin und Schauspielerin (*1979)

Weltfrauentag, der

auch: Internationaler Frauentag

Substantiv *m*

Internationaler Gedenktag am 8. März, der an bisherige Erfolge der Frauenbewegung erinnert und dazu ermutigt, sich weiterhin für die Gleichberechtigung von Mann und Frau weltweit einzusetzen.

„In einer Gesellschaft, in der die Rechte und Potenziale der Frauen eingeschränkt werden, kann kein Mann wirklich frei sein. Er hat vielleicht **Macht***, aber er wird nicht frei sein.“*

Mary Robinson

Politikerin, ehemalige Staatspräsidentin von Irland und UN-Hochkommissarin für Menschenrechte (*1944)

wichtig

Adjektiv

„Du bist der wichtigste Mensch in deinem Leben. Also behandle dich auch so."

Wunder, das

Substantiv *n*

„Frauen von heute warten nicht auf das Wunderbare – sie inszenieren ihre Wunder selbst."

Katharine Hepburn

US-amerikanische Schauspielerin und vierfache Oscarpreisträgerin (1907–2003)

„Wunder passieren immer dann, wenn wir unseren Träumen mehr Energie geben als unseren Ängsten."

Xanthippe, die

Substantiv *f*

ursprünglich Eigenname

Bezeichnung für streitsüchtige, übellaunige Frau nach der zänkischen Ehefrau des Philosophen Sokrates

„Ich hätte lieber den gut gebauten Ringer heiraten sollen. Der würde nicht so viel reden."

Xanthippe

Yang, das

Substantiv *n*

Yin, das

Substantiv *n*

Yin und Yang stehen für das Weibliche und das Männliche in der chinesischen Naturphilosophie.

„Jeder gibt, was dem anderen fehlt. So entsteht ein Fluss.“

Z

Zeit, die

Substantiv *f*

„Du musst die Herrin deiner Zeit sein, sie nicht die deine.“

Golda Meir

israelische Politikerin und ehemalige Ministerpräsidentin von Israel (1898–1987)

„Wenn du wenig Zeit hast, nimm dir am Anfang viel davon.“

Ruth Cohn

deutsche Psychoanalytikerin (1912–2010)

HINDERNISSE UND SCHWIERIGKEITEN SIND STUFEN, AUF DENEN WIR IN DIE HÖHE STEIGEN.

Steffi Graf

deutsche Weltspitzen-Tennisspielerin
(*1969)

zögern

schwaches Verb

„Wenn wir etwas wagen,
wächst unser **Mut**.
Wenn wir zögern, wächst
unsere Angst."

Zucker, der

Substantiv *m*

„Die allerwenigsten Frauen
sind aus Zucker. Die meisten bestehen
aus Talent, Humor, Lebensfreude,
Mut und Stolz."

Zukunft, die

Substantiv *f*

„Die Zukunft gehört denen, die an die Wahrhaftigkeit ihrer Träume *glauben."*

Eleanor Roosevelt

US-amerikanische Menschenrechtsaktivistin, Diplomatin und ehemalige First Lady (1884–1962)

Zweifel, der

Substantiv *m*

Plural: die Zweifel

„Zweifel zerstört mehr Träume*, als es Versagen jemals könnte."*

Suzy Kassem

Poetin, Philosophin, Autorin (*1975)

DAS BESTE
LIEGT NICHT
HINTER UNS,
SONDERN
VOR UNS.

In einigen Fällen war es nicht möglich, für den Abdruck der Texte die Rechteinhaber:innen zu ermitteln. Honoraransprüche der Autor:innen, Verlage und ihrer Rechtsnachfolger:innen bleiben gewahrt.

Textzusammenstellung: Tina Herold
Gestaltung Cover und Innenteil: Magda Rawicka
Illustrationen: Carina Lindmeier und Magda Rawicka

ISBN 978-3-8458-6298-9

www.arsedition.de

FSC
www.fsc.org
MIX
Papier | Fördert gute Waldnutzung
FSC® C002795